Impressum
Verlag: BABADADA GmbH, Nedderfeld 112 , 22529 Hamburg
Geschäftsführer / Verlagsleitung: Harald Hof
Druck: Books on Demand GmbH, In de Tarpen 42, 22848 Norderstedt

Imprint
Publisher: BABADADA GmbH, Nedderfeld 112 , 22529 Hamburg, Germany
Managing Director / Publishing direction: Harald Hof
Print: Books on Demand GmbH, In de Tarpen 42, 22848 Norderstedt

classroom
het klaslokaal

divide
delen

186/2

board
het bord

school yard
het schoolplein

teacher
de leraar

paper
het papier

write
schrijven

pen
de pen

desk
het bureau

ruler
de lineaal

book
het boek

pupil
de leerling

satchel

de schooltas

pencil case

de etui

pencil

het potlood

pencil sharpener

de puntenslijper

rubber

de gum

drawing pad

het schetsblok

drawing
de tekening

paintbrush
het penseel

paint box
de verfdoos

scissors
de schaar

glue
de lijm

exercise book
het schrift

homework
het huiswerk

number
het getal

add
optellen

subtract
aftrekken

multiply
vermenigvuldigen

calculate
rekenen

letter
de letter

alphabet
het alfabet

word
het woord

text

de tekst

read

lezen

chalk

het krijt

lesson

de les

register

het klassenboek

examination

het examen

certificate

het diploma

school uniform

het schooluniform

education

de opleiding

encyclopedia

de encyclopedie

university

de universiteit

microscope

de microscoop

map

de kaart

waste-paper basket

de prullenmand

hotel
het hotel

hostel
het hostel

currency exchange office
het wisselkantoor

car
de auto

language
de taal

yes / no
ja / nee

Okay
oké

hello
Hallo!

translator
de tolk

Thank you
Bedankt.

how much is...?

Wat kost ...?

I don´t get it

Ik begrijp het niet.

problem

het probleem

Good evening!

Goedenavond!

Good morning!

Goedemorgen!

Good night!

Goedenacht!

goodbye

Tot ziens!

direction

de richting

luggage

de bagage

bag

de tas

backpack

de rugzak

guest

de gast

room

de kamer

sleeping bag

de slaapzak

tent

de tent

travel - de reis

		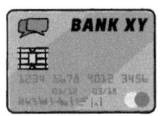
tourist information	beach	credit card
het VVV-kantoor	het strand	de creditkaart
breakfast	lunch	dinner
het ontbijt	de lunch	het diner
Ticket	elevator	stamp
het kaartje	de lift	de postzegel
border	customs	embassy
de grens	de douane	de ambassade
visa	passport	
het visum	het paspoort	

airplane
het vliegtuig

ship
het schip

fire truck
de brandweerwagen

bus
de bus

truck
de vrachtauto

motorboat
de motorboot

bike
de fiets

car
de auto

ferry

de veerboot

boat

de boot

motorbike

de motorfiets

police car

de politiewagen

racing car

de raceauto

rental car

de huurauto

car sharing

de carsharing

tow truck

de takelwagen

garbage truck

de vuilniswagen

engine

de motor

fuel

de benzine

fuel station

de benzinepomp

traffic sign

het verkeersbord

traffic

het verkeer

traffic jam

de file

parking lot

de parkeerplaats

train station

het station

tracks

de rails

train

de trein

tram

de tram

wagon

de wagon

helicopter

de helikopter

airport

de luchthaven

tower

de toren

passenger

de passagier

container

de container

carton

de verhuisdoos

cart

de kar

basket

de mand

take off / land

opstijgen / landen

city

de stad

village

het dorp

city center

het stadscentrum

house

het huis

movie theater
de bioscoop

advert
de reclame

street light
de straatlantaarn

CINEMA

street
de straat

taxi
de taxi

snack shop
de kiosk

pedestrian
de voetganger

sidewalk
het trottoir

zebra crossing
het zebrapad

dumpster
de vuilnisbak

crossing
het kruispunt

traffic lights
het stoplicht

hut
de hut

apartment
het appartement

train station
het station

city hall
het stadhuis

museum
het museum

school
de school

university

de universiteit

bank

de bank

hospital

het ziekenhuis

hotel

het hotel

pharmacy

de apotheek

office

het kantoor

book shop

de boekenwinkel

shop

de winkel

flower shop

de bloemenwinkel

supermarket

de supermarkt

market

de markt

department store

het warenhuis

fishmonger's shop

de visboer

mall

het winkelcentrum

harbor

de haven

park

het park

bench

de bank

bridge

de brug

stairs

de trap

subway

de metro

tunnel

de tunnel

bus stop

de bushalte

bar

de bar

restaurant

het restaurant

postbox

de brievenbus

street sign

het straatnaambord

parking meter

de parkeermeter

zoo

de dierentuin

swimming pool

het zwembad

mosque

de moskee

farm

de boerderij

pollution

de vervuiling

cemetery

de begraafplaats

church

de kerk

playground

de speelplaats

temple

de tempel

landscape
het landschap

signpost
de wegwijzer

path
de weg

meadow
de weide

stone
de steen

tree
de boom

hiker
de wandelaar

river
de rivier

grass
het gras

flower
de bloem

valley

de vallei

hill

de berg

lake

het meer

forest

het bos

desert

de woestijn

volcano

de vulkaan

castle

het kasteel

rainbow

de regenboog

mushroom

de paddenstoel

palm tree

de palmboom

mosquito

de mug

fly

de vlieg

ant

de mier

bee

de bij

spider

de spin

beetle

de kever

frog

de kikker

squirrel

de eekhoorn

hedgehog

de egel

hare

de haas

owl

de uil

bird

de vogel

swan

de zwaan

boar

het wild zwijn

deer

het hert

moose

de eland

dam

de stuwdam

wind turbine

de windmolen

solar panel

het zonnepaneel

climate

het klimaat

waiter
de ober

menu
het menu

chair
de stoel

soup
de soep

pizza
de pizza

cutlery
het bestek

tablecloth
het tafelkleed

starter

het voorgerecht

main course

het hoofdgerecht

dessert

het toetje

drinks

de dranken

food

het eten

bottle

de fles

fast food

de/het fastfood

street food

het eetkraampje

teapot

de theepot

sugar bowl

de suikerpot

portion

de portie

espresso machine

de espressomachine

high chair

de kinderstoel

bill

de rekening

tray

het dienblad

knife

het mes

fork

de vork

spoon

de lepel

teaspoon

de theelepel

serviette

het servet

glass

het glas

plate

het bord

soup plate

het soepbord

saucer

de schotel

sauce

de saus

salt shaker

het zoutvaatje

pepper mill

de pepermolen

vinegar

de azijn

oil

de olie

spices

de kruiden

ketchup

de ketchup

mustard

de mosterd

mayonnaise

de mayonaise

special offer
de aanbieding

customer
de klant

dairy products
de zuivelproducten

fruit
het fruit

shopping cart
de winkelwagen

butcher's shop
de slager

bakery
de bakkerij

weigh
wegen

vegetables
de groente

meat
het vlees

frozen food
de diepvriesproducten

cold cuts

de vleeswaren

canned food

de conserven

detergent

het wasmiddel

candy

het snoepgoed

household products

de huishoudelijke artikelen

cleaning products

het schoonmaakmiddel

sales representative

de verkoopster

cash register

de kassa

cashier

de kassier

shopping list

het boodschappenlijstje

opening hours

de openingstijden

wallet

de portefeuille

credit card

de creditkaart

bag

de tas

plastic bag

de plastic zak

water
....
het water

juice
....
het sap

milk
....
de melk

coke
....
de cola

wine
....
de wijn

beer
....
het bier

alcohol
....
de alcohol

cocoa
....
de chocolademelk

tea
....
de thee

coffee
....
de koffie

espresso
....
de espresso

cappuccino
....
de cappuccino

banana

de banaan

apple

de appel

orange

de sinaasappel

melon

de watermeloen

lemon

de citroen

carrot

de wortel

garlic

de knoflook

bamboo

de bamboe

onion

de ui

mushroom

de paddenstoel

nuts

de noten

noodles

de pasta

spaghetti

de spaghetti

rice

de rijst

salad

de salade

fries

de friet

fried potatoes

de gebakken aardappelen

pizza

de pizza

hamburger

de hamburger

sandwich

de sandwich

escalope

de schnitzel

ham

de ham

salami

de salami

sausage

de worst

chicken

de kip

roast

het gebraad

fish

de vis

porridge oats

de havermout

muesli

de muesli

cornflakes

de cornflakes

flour

het meel

croissant

de croissant

bread roll

de broodjes

bread

het brood

toast

de toast

cookies

de koekjes

butter

de boter

curd

de kwark

cake

de taart

egg

het ei

fried egg

het gebakken ei

cheese

de kaas

ice cream

het ijs

sugar

de suiker

honey

de honing

jelly

de jam

nougat cream

de chocoladepasta

curry

de kerrie

goat

de geit

cow

de koe

calf

het kalf

pig

het varken

piglet

de big

bull

de stier

goose

de gans

duck

de eend

chick

het kuiken

hen

de kip

cockerel

de haan

rat

de rat

cat

de kat

mouse

de muis

ox

de os

dog

de hond

dog house

het hondenhok

garden hose

de tuinslang

watering can

de gieter

scythe

de zeis

plow

de ploeg

sickle

de sikkel

hoe

de schoffel

pitchfork

de hooivork

axe

de bijl

pushcart

de kruiwagen

trough

de trog

milk can

de melkbus

sack

de zak

fence

het hek

stable

de stal

greenhouse

de broeikas

soil

de grond

seed

het zaad

fertilizer

de mest

combine harvester

de maaidorser

harvest

oogsten

harvest

de oogst

yams

de yam

wheat

de tarwe

soya

de soja

potato

de aardappel

corn

de maïs

rapeseed

het koolzaad

fruit tree

de fruitboom

manioc

de maniok

grain

de granen

living room

de woonkamer

bathroom

de badkamer

kitchen

de keuken

bedroom

de slaapkamer

kids room

de kinderkamer

dining room

de eetkamer

floor

de vloer

wall

de muur

ceiling

het plafond

cellar

de kelder

sauna

de sauna

balcony

het balkon

terrace

het terras

pool

het zwembad

lawn mower

de grasmaaier

sheet

het laken

bedspread

de bedsprei

bed

het bed

broom

de bezem

bucket

de emmer

switch

de schakelaar

carpet
het tapijt

drape
het gordijn

table
de tafel

chair
de stoel

rocking chair
de schommelstoel

armchair
de stoel

book
....
het boek

blanket
....
de deken

decoration
....
de decoratie

firewood
....
het brandhout

film
....
de film

stereo system
....
de stereo-installatie

key
....
de sleutel

newspaper
....
de krant

painting
....
het schilderij

poster
....
de poster

radio
....
de radio

notebook
....
het kladblok

vacuum cleaner
....
de stofzuiger

cactus
....
de cactus

candle
....
de kaars

fridge
de koelkast

microwave oven
de magnetron

kitchen scales
de keukenweegschaal

toaster
de toaster

laundry detergent
het schoonmaakmiddel

stove
de oven

freezer
het vriesvak

dishwasher
de vaatwasser

cooker
het fornuis

pot
de pan

cast-iron pot
de gietijzeren pan

wok / kadai
de wok / kadai

pan
de koekenpan

kettle
de ketel

steamer

de stoomkoker

baking tray

de bakplaat

crockery

het servies

mug

de beker

bowl

de kom

chopsticks

de eetstokjes

ladle

de soeplepel

spatula

de spatel

whisk

de garde

strainer

het vergiet

sieve

de zeef

grater

de rasp

mortar

de vijzel

barbecue

de barbecue

fireplace

de vuurhaard

kitchen - de keuken

chopping board

de snijplank

rolling pin

de deegroller

corkscrew

de kurkentrekker

can

het blik

can opener

de blikopener

oven cloth

de pannenlap

sink

de wasbak

brush

de borstel

sponge

de spons

blender

de blender

deep freezer

de vriezer

baby bottle

het babyflesje

tap

de kraan

heating
de verwarming

shower
de douche

towel
de handdoek

shower curtain
het douchegordijn

bubble bath
het bubbelbad

bathtub
het bad

glass
het glas

washing machine
de wasmachine

tap
de kraan

tiles
de tegels

potty
het potje

sink
de wasbak

toilet
het toilet

squat toilet
het hurktoilet

bidet
de/het bidet

urinal
het urinoir

toilet paper
het toiletpapier

toilet brush
de toiletborstel

toothbrush

de tandenborstel

toothpaste

de tandpasta

dental floss

het flosdraad

wash

wassen

hand shower

de handdouche

douche

de toiletdouche

basin

de waskom

back brush

de rugborstel

soap

de zeep

shower gel

de douchegel

shampoo

de shampoo

flannel

het washandje

drain

de afvoer

creme

de creme

deodorant

de deodorant

mirror

de spiegel

hand mirror

de make-upspiegel

razor

het scheermes

shaving foam

het scheerschuim

aftershave

de aftershave

comb

de kam

brush

de borstel

hair-dryer

de haardroger

hairspray

de haarspray

makeup

de make-up

lipstick

de lippenstift

nail varnish

de nagellak

cotton wool

de watten

nail scissors

het nagelschaartje

perfume

de/het parfum

washbag
de toilettas

stool
de kruk

weighing scales
de weegschaal

bathrobe
de badjas

rubber gloves
de rubber handschoenen

tampon
de tampon

sanitary towel
het maandverband

chemical toilet
het chemisch toilet

alarm clock
de wekker

cuddly toy
het knuffeldier

toy car
de speelgoedauto

rattle
de rammelaar

doll's house
het poppenhuis

present
het cadeau

balloon
de ballon

bed
het bed

stroller
de kinderwagen

deck of cards
het kaartspel

jigsaw
de puzzel

comic
het stripverhaal

lego bricks

de legostenen

toy blocks

de speelgoedblokken

action figure

het actiefiguurtje

romper suit

de romper

frisbee

de frisbee

mobile

de/het mobile

board game

het bordspel

dice

de dobbelsteen

model train set

de modeltrein

pacifier

de speen

party

het feestje

picture book

het prentenboek

ball

de bal

doll

de pop

play

spelen

sandpit

de zandbak

swing

de schommel

toys

het speelgoed

video game console

de spelcomputer

tricycle

de driewieler

teddy bear

de teddybeer

wardrobe

de kleerkast

clothing
de kleding

socks

de sokken

stockings

de kousen

tights

de panty

scarf
de sjaal

belt
de riem

umbrella
de paraplu

t-shirt
het T-shirt

sneakers
de sportschoenen

boots
de laarzen

slippers
de pantoffels

sandals
de sandalen

shoes
de schoenen

rubber boots
de rubberlaarzen

underwear
de onderbroek

bra
de beha

undershirt
het onderhemd

clothing - de kleding

body

de body

pants

de broek

jeans

de spijkerbroek

skirt

de rok

blouse

de blouse

shirt

het overhemd

pullover

de trui

sweater

de hoody

blazer

de blazer

jacket

de jas

coat

de mantel

raincoat

de regenjas

costume

het kostuum

dress

de jurk

wedding dress

de trouwjurk

suit

het pak

nightgown

het nachthemd

pajamas

de pyjama

sari

de sari

headscarf

de hoofddoek

turban

de tulband

burka

de boerka

kaftan

de kaftan

abaya

de abaja

swimsuit

het zwempak

trunks

de zwembroek

shorts

de korte broek

tracksuit

het trainingspak

apron

de/het schort

gloves

de handschoenen

button

de knoop

glasses

de bril

bracelet

de armband

necklace

de ketting

ring

de ring

earring

de oorbel

cap

de pet

coat hanger

de kledinghanger

hat

de hoed

tie

de stropdas

zip

de rits

helmet

de helm

braces

de bretels

school uniform

het schooluniform

uniform

het uniform

bib

het slabbetje

pacifier

de speen

diaper

de luier

server
de server

filing cabinet
de archiefkast

printer
de printer

monitor
het beeldscherm

paper
het papier

mouse
de muis

desk
het bureau

folder
de map

keyboard
het toetsenbord

chair
de stoel

waste-paper basket
de prullenmand

computer
de computer

coffee mug

de koffiemok

calculator

de rekenmachine

internet

het internet

laptop

de laptop

letter

de brief

message

het bericht

cell phone

de mobiele telefoon

network

het netwerk

photocopier

de kopieermachine

software

de software

telephone

de telefoon

plug socket

het stopcontact

fax machine

de fax

form

het formulier

document

het document

buy

kopen

pay

betalen

trade

handel drijven

money

het geld

USD

dollar

de dollar

EUR

euro

de euro

JPY

yen

de yen

RUB

rouble

de roebel

CHF

Swiss franc

de Zwitserse frank

CNY

renminbi yuan

de renminbi yuan

INR

rupee

de roepie

cash point

de geldautomaat

currency exchange office
....
het wisselkantoor

gold
....
het goud

silver
....
het zilver

oil
....
de olie

energy
....
de energie

price
....
de prijs

contract
....
het contract

tax
....
de belasting

stock
....
het aandeel

work
....
werken

employee
....
de werknemer

employer
....
de werkgever

factory
....
de fabriek

shop
....
de winkel

police officer
de politieagent

fireman
de brandweerman

cook
de kok

doctor
de dokter

pilot
de piloot

gardener

de tuinman

carpenter

de timmerman

seamstress

de naaister

judge

de rechter

chemist

de scheikundige

actor

de toneelspeler

bus driver

de buschauffeur

taxi driver

de taxichauffeur

fisherman

de visser

cleaning lady

de schoonmaakster

roofer

de dakdekker

waiter

de ober

hunter

de jager

painter

de schilder

baker

de bakker

electrician

de elektricien

builder

de bouwvakker

engineer

de ingenieur

butcher

de slager

plumber

de loodgieter

postman

de postbode

soldier

de soldaat

architect

de architect

cashier

de kassier

florist

de bloemist

hairdresser

de kapper

conductor

de conducteur

mechanic

de monteur

captain

de kapitein

dentist

de tandarts

scientist

de wetenschapper

rabbi

de rabbi

imam

de imam

monk

de monnik

pastor

de pastoor

hammer
de hamer

pliers
de tang

screwdriver
de schroevendraaier

wrench
de moersleutel

torch
de zaklamp

excavator

de graafmachine

toolbox

de gereedschapskist

ladder

de ladder

saw

de zaag

nails

de spijkers

drill

de boor

repair
....
repareren

shovel
....
de schep

Damn!
....
Verdorie!

dustpan
....
het stofblik

paint can
....
de verfpot

screws
....
de schroeven

musical instruments
de muziekinstrumenten

drum set
het drumstel

loud speaker
de luidspreker

guitar
de gitaar

double bass
de contrabas

trumpet
de trompet

piano

de piano

violin

de viool

bass

de bas

timpani

de pauk

drums

de trommel

keyboard

het keyboard

saxophone

de saxofoon

flute

de fluit

microphone

de microfoon

musical instruments - de muziekinstrumenten

tiger
de tijger

entrance
de ingang

cage
de kooi

zebra
de zebra

animal feed
het dierenvoer

panda
de panda

animals

de dieren

elephant

de olifant

kangaroo

de kangoeroe

rhino

de neushoorn

gorilla

de gorilla

bear

de beer

camel

de kameel

ostrich

de struisvogel

lion

de leeuw

monkey

de aap

flamingo

de flamingo

parrot

de papegaai

polar bear

de ijsbeer

penguin

de pinguïn

shark

de haai

peacock

de pauw

snake

de slang

crocodile

de krokodil

zookeeper

de dierenverzorger

seal

de zeehond

jaguar

de jaguar

zoo - de dierentuin

pony
de pony

leopard
de/het luipaard

hippo
het nijlpaard

giraffe
de giraffe

eagle
de adelaar

boar
het wild zwijn

fish
de vis

turtle
de schildpad

walrus
de walrus

fox
de vos

gazelle
de gazelle

zoo - de dierentuin

American football
American football

cycling
wielrennen

tennis
tennis

basketball
basketbal

swimming
zwemmen

boxing
boksen

ice hockey
ijshockey

soccer
voetbal

badminton
badminton

athletics
atletiek

handball
handbal

skiing
skiën

polo
polo

jump
springen

hug
knuffelen

laugh
lachen

walk
lopen

sing
zingen

pray
bidden

kiss
kussen

dream
dromen

write

schrijven

draw

tekenen

show

tonen

push

duwen

give

geven

take

oppakken

have

hebben

do

doen

be

zijn

stand

staan

run

rennen

pull

trekken

throw

gooien

fall

vallen

lie

liggen

wait

wachten

carry

dragen

sit

zitten

get dressed

aankleden

sleep

slapen

wake up

wakker worden

look at

bekijken

cry

huilen

stroke

strelen

comb

kammen

talk

praten

understand

begrijpen

ask

vragen

listen

horen

drink

drinken

eat

eten

tidy up

opruimen

love

houden van

cook

koken

drive

rijden

fly

vliegen

activities - de activiteiten

sail
....
zeilen

calculate
....
rekenen

read
....
lezen

learn
....
leren

work
....
werken

marry
....
trouwen

sew
....
naaien

brush teeth
....
tandenpoetsen

kill
....
doden

smoke
....
roken

send
....
verzenden

grandmother
grootmoeder

grandfather
de grootvader

father
de vader

mother
de moeder

baby
de baby

daughter
de dochter

son
de zoon

guest

de gast

aunt

de tante

uncle

de oom

brother

de broer

sister

de zus

family - de familie

forehead
het voorhoofd

eye
het oog

shoulder
de schouder

face
het gezicht

finger
de vinger

chin
de kin

hand
de hand

breast
de borst

leg
het been

arm
de arm

baby

de baby

man

de man

woman

de vrouw

girl

het meisje

boy

de jongen

head

het hoofd

back
de rug

belly
de buik

navel
de navel

toe
de teen

heel
de hiel

bone
het bot

hip
de heup

knee
de knie

elbow
de elleboog

nose
de neus

buttocks
het achterwerk

skin
de huid

cheek
de wang

ear
het oor

lip
de lippen

body - het lichaam

mouth

de mond

tooth

de tand

tongue

de tong

brain

de hersenen

heart

het hart

muscle

de spier

lung

de long

liver

de lever

stomach

de maag

kidneys

de nieren

sex

de geslachtsgemeenschap

condom

het condoom

ovum

de eicel

semen

het sperma

pregnancy

de zwangerschap

body - het lichaam

menstruation

de menstruatie

vagina

de vagina

penis

de penis

eyebrow

de wenkbrauw

hair

het haar

neck

de hals

het ziekenhuis

hospital
het ziekenhuis

ambulance
de ambulance

wheelchair
de rolstoel

fracture
de fractuur

doctor
de dokter

emergency room
de EHBO

nurse
de verpleegster

emergency
het noodgeval

unconscious
bewusteloos

pain
de pijn

injury

de verwonding

bleeding

de bloeding

heart attack

de hartaanval

stroke

de beroerte

allergy

de allergie

cough

de hoest

fever

de koorts

flu

de griep

diarrhea

de diarree

headache

de hoofdpijn

cancer

de kanker

diabetes

de diabetes

surgeon

de chirurg

scalpel

het scalpel

operation

de operatie

CT
de CT

x-ray
de röntgen

ultrasound
de echografie

face mask
het gezichtsmasker

disease
de ziekte

waiting room
de wachtkamer

crutch
de kruk

plaster
de pleister

bandage
het verband

injection
de injectie

stethoscope
de stethoscoop

stretcher
de brancard

clinical thermometer
de thermometer

birth
de geboorte

overweight
het overgewicht

hospital - het ziekenhuis

hearing aid

het gehoorapparaat

disinfectant

het ontsmettingsmiddel

infection

de infectie

virus

het virus

HIV / AIDS

(de) HIV / AIDS

medicine

het medicijn

vaccination

de inenting

tablets

de tabletten

pill

de pil

emergency call

het alarmnummer

blood pressure monitor

de bloeddrukmeter

ill / healthy

ziek / gezond

hospital - het ziekenhuis

Help!

Help!

alarm

het alarm

assault

de overval

attack

de aanval

danger

het gevaar

emergency exit

de nooduitgang

Fire!

Brand!

fire extinguisher

de brandblusser

accident

het ongeluk

first-aid kit

de EHBO-koffer

SOS

SOS

police

de politie

Europe

Europa

North America

Noord-Amerika

South America

Zuid-Amerika

Africa

Afrika

Asia

Azië

Australia

Australië

Atlantic

de Atlantische Oceaan

Pacific

de Stille Oceaan

Indian Ocean

de Indische Oceaan

Antarctic Ocean

de Zuidelijke Oceaan

Arctic Ocean

de Noordelijke IJszee

North pole

de Noordpool

South pole

de Zuidpool

Antarctica

Antarctica

earth

de aarde

land

het land

sea

de zee

island

het eiland

nation

de natie

state

de staat

clock face

de wijzerplaat

hour hand

de uurwijzer

minute hand

de minutenwijzer

second hand

de secondewijzer

What time is it?

Hoe laat is het?

day

de dag

time

de tijd

now

nu

digital watch

het digitaal horloge

minute

de minuut

hour

het uur

Monday — maandag
Wednesday — woensdag
Friday — vrijdag
Tuesday — dinsdag
Saturday — zaterdag
Thursday — donderdag
Sunday — zondag

yesterday
gisteren

today
vandaag

tomorrow
morgen

morning
de ochtend

noon
de middag

evening
de avond

workdays
de werkdagen

weekend
het weekend

rain
de regen

snow
de sneeuw

wind
de wind

spring
het voorjaar

fall
de herfst

summer
de zomer

winter
de winter

weather forecast
het weerbericht

thermometer
de thermometer

sunshine
de zonneschijn

cloud
de wolk

fog
de mist

humidity
de luchtvochtigheid

lightning	thunder	storm
de bliksem	de donder	de storm
hail	monsoon	flood
de hagel	de moesson	de overstroming
ice	January	February
het ijs	januari	februari
March	April	May
maart	april	mei
June	July	August
juni	juli	augustus

year - het jaar

September
....
september

October
....
oktober

November
....
november

December
....
december

shapes
de vormen

circle
....
de cirkel

square
....
het vierkant

rectangle
....
de rechthoek

triangle
....
de driehoek

sphere
....
de bol

cube
....
de kubus

colors

de kleuren

white
wit

yellow
geel

orange
oranje

pink
roze

red
rood

purple
paars

blue
blauw

green
groen

brown
bruin

gray
grijs

black
zwart

a lot / a little

veel / weinig

angry / calm

boos / rustig

beautiful / ugly

mooi / lelijk

beginning / end

begin / einde

big / small

groot / klein

bright / dark

licht / donker

brother / sister

broer / zus

clean / dirty

schoon / vies

complete / incomplete

volledig / onvolledig

day / night

dag/ nacht

dead / alive

dood / levend

wide / narrow

breed / smal

edible / inedible

eetbaar / oneetbaar

evil / kind

gemeen / aardig

excited / bored

opgewonden / verveeld

fat / thin

dik / dun

first / last

eerste / laatste

friend / enemy

vriend / vijand

full / empty

vol / leeg

hard / soft

hard / zacht

heavy / light

zwaar / licht

hunger / thirst

honger / dorst

ill / healthy

ziek / gezond

illegal / legal

illegaal / legaal

intelligent / stupid

intelligent / dom

left / right

links / rechts

near / far

dichtbij / ver

opposites - de tegenstellingen

new / used
nieuw / gebruikt

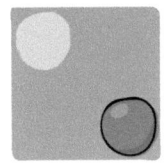

nothing / something
niets / iets

old / young
oud / jong

on / off
aan / uit

open / closed
open / gesloten

quiet / loud
zacht / luid

rich / poor
rijk / arm

right / wrong
goed / fout

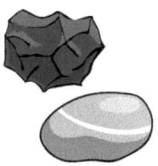

rough / smooth
ruw / glad

sad / happy
verdrietig / gelukkig

short / long
kort / lang

slow / fast
langzaam / snel

wet / dry
nat / droog

warm / cool
warm / koel

war / peace
oorlog / vrede

de getallen

0

zero

nul

1

one

één

2

two

twee

3

three

drie

4

four

vier

5

five

vijf

6

six

zes

7

seven

zeven

8

eight

acht

9

nine

negen

10

ten

tien

11

eleven

elf

12
twelve

twaalf

13
thirteen

dertien

14
fourteen

veertien

15
fifteen

vijftien

16
sixteen

zestien

17
seventeen

zeventien

18
eighteen

achttien

19
nineteen

negentien

20
twenty

twintig

100
hundred

honderd

1.000
thousand

duizend

1.000.000
million

miljoen

English

Engels

American English

Amerikaans Engels

Chinese Mandarin

Chinees Mandarijn

Hindi

Hindi

Spanish

Spaans

French

Frans

Arabic

Arabisch

Russian

Russisch

Portuguese

Portugees

Bengali

Bengalees

German

Duits

Japanese

Japans

I
....
ik

you
....
jij

he / she / it
....
hij / zij / het

we
....
wij

you
....
jullie

they
....
zij

who?
....
wie?

what?
....
wat?

how?
....
hoe?

where?
....
waar?

when?
....
wanneer?

name
....
de naam

behind

achter

in

in

in front of

voor

over

boven

on

op

under

onder

beside

naast

between

tussen

place

plaats